보카텔링 솔루션

영단어 무한 지배자

초등편

워크북

보카텔링 솔루션

영단어 무한 지배자 | 초등편 | 워크북

초판 1쇄 인쇄 2016년 10월 18일
초판 1쇄 발행 2016년 10월 25일

지은이 Jeremy Rhee
펴낸이 김선식

경영총괄 김은영
사업총괄 최창규
책임편집 유화정 **책임마케터** 양정길
콘텐츠개발6팀장 박현미 **콘텐츠개발6팀** 유화정, 이여홍
마케팅본부 이주화, 정명찬, 최혜령, 양정길, 박진아, 최혜진, 김선욱, 이승민, 이수인, 김은지
경영관리팀 허대우, 윤이경, 임해랑, 권송이, 김재경
외부스태프 표지디자인 유진민 **본문디자인** 손혜정

펴낸곳 다산북스 **출판등록** 2005년 12월 23일 제313-2005-00277호
주소 경기도 파주시 회동길 37-14 2, 3, 4층
전화 02-702-1724(기획편집) 02-6217-1726(마케팅) 02-704-1724(경영지원)
팩스 02-703-2219 **이메일** dasanbooks@dasanbooks.com
홈페이지 www.dasanbooks.com **블로그** blog.naver.com/dasan_books
종이 한솔피엔에스 **인쇄** 민언프린텍 **후가공** 평창 P&G **제본** 에스엘바인텍

ⓒ 2016, Jeremy Rhee

ISBN 979-11-306-1014-6 (63740)

다산북스(DASANBOOKS)는 독자 여러분의 책에 관한 아이디어와 원고 투고를 기쁜 마음으로 기다리고 있습니다.
책 출간을 원하는 아이디어가 있으신 분은 이메일 dasanbooks@dasanbooks.com 또는 다산북스 홈페이지 '투고원고'란으로
간단한 개요와 취지, 연락처 등을 보내주세요. 머뭇거리지 말고 문을 두드리세요.

보카텔링 솔루션

영단어 무한지배자

초등편

Jeremy Rhee

워크북

BEYOND
A·L·L

보카텔링으로 쉽게 풀어낸 초등 영단어

교육부 지정 초등 필수 800 + 예비 중학 300단어 수록

영단어 무한 지배자 – 초등편

값 15,000원 (무료 MP3 제공)

무료 MP3 제공: 정확한 원어민 발음으로 단어와 스펠링까지 읽어주는 데이별 MP3를 제공해 보다 빠르고 확실하게 영단어를 암기할 수 있어요.

목표 시간 설정: 시뮬레이션을 통해 측정된 목표 시간을 제시하고 실제 학생들이 읽는 데 걸린 시간을 스스로 확인할 수 있게 함으로써 단어 학습에 시간을 효율적으로 할애하도록 했어요.

〈미리보기〉

보카텔링 기법: 일상에서 접하는 외래어를 십분 활용해 한 번만 읽어도 머리에 쏙쏙 들어오게 구성했어요.

생생한 이미지: 아이들이 좋아하는 이미지를 통해 지루하지 않게 영단어를 익힐 수 있어요.

함께 공부해요: 한글로 표현된 짧은 예문을 읽다가 모르는 어휘를 만나면 엄마가 도와줄 수 있어요.

기적의 보카텔링(VOCA Telling) 자동인식 암기법

읽기만 하면 영단어가 저절로 외워지는 영단어 암기 솔루션

뇌 과학(brain science)에 근거한 자동인식 암기법

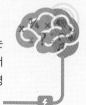

사람의 뇌는 이미 알고 있는 것은 쉽게 받아들이지만 처음 접하는 것을 인지하고 기억하는 데는 오랜 시간과 노력이 필요합니다. 보카텔링 자동인식 암기법은 이미 알고 있는 영단어를 이용해서 처음 접하는 영단어를 뇌가 이미 알고 있던 것처럼 인식하여 암기할 수 있도록 고안된 기적의 영단어 암기법입니다.

❶ 보카텔링의 마법을 거치면 '외래어'가 '기초 영단어'로 변신합니다.

보카텔링 기법으로 새로운 영단어를 익히기 위해서는 이미 알고 있는 영단어가 필요합니다. 그런데 이제 막 영어를 시작하는 초등학생들이 알고 있는 영단어는 별로 많지 않지요. 대신에 아이들은 일상생활에서 '유튜브, 서바이벌 게임, 페이스북, LG트윈스, 유니폼'과 같이 수많은 외래어(loanword)를 사용하고 있습니다.

〈영단어 무한 지배자 초등편〉은 일상생활에서 흔히 사용하는 '외래어'가 '기초 영단어'라는 사실을 보카텔링 방식으로 쉽게 풀어내어 아이들이 스트레스 없이 초등필수 800단어와 예비중학 300단어를 습득할 수 있도록 기획했습니다.

❷ 초등학생 눈높이에 맞게 보카텔링의 마법을 풀어냈습니다.

① 아이들이 가장 편하게 받아들일 수 있는 한글 해설로 영단어를 풀어냈습니다.

② 이미 알고 있는 만화 캐릭터, 앵그리 버드, 포켓몬스터 등 1000개 이상의 외래어와 영단어를 유기적으로 연계시켜서 뇌가 영단어를 곧바로 인지하고 흡수하도록 고안했습니다.

③ 펜싱(fencing) 경기, 오세아니아(Oceania)와 같이 너무나 익숙해서 영단어인지 인식하지 못하는 수많은 외래어가 영단어임을 일깨워서 뇌가 해당 영단어를 자동으로 기억할 수 있는 혁신적인 학습 툴을 제공했습니다.

부모님께 드리는 당부의 말씀:

〈영단어 무한 지배자 초등편〉은 여타 초등용 영단어 교재들보다 더 많은 어휘를 수록하고 있습니다. 하지만, 이 책을 열어 본 대부분의 아이들은 '어~ 다 아는 단어네!'라고 말하곤 합니다. 보카텔링(VOCA Telling)으로 쉽게 풀어낸 책 내용을 보며 자신도 모르게 처음 보는 단어를 이미 알고 있는 단어로 인식했기 때문입니다. 따라서 아이들이 다 안다고 말하더라도 개의치 마시고 끝까지 책을 읽어서, 초등 필수 800단어와 예비 중학 300단어를 모두 익힐 수 있도록 도와주세요.

난공불락의 영단어가 무장해제 되는 Zone, 보카텔링(VOCA Telling)

보카텔링의
마법 체험하기

보카텔링을 통(通)하면
영단어가 마법같이 쉬워져요!

1 단계 초등학생이라면 아래의 영단어가 조금 낯설고 어렵지 않을까요?

casual

sweat **?** marine

attack

2 단계 보카텔링을 통(通)하면 영단어가 정말 쉽게 느껴지죠?

- 바다의 왕자 **마린보이** → **marine** 바다의, 해양의
- (배구) 백**어택** – 뒤에서 공격하는 것 → **attack** 공격, 공격하다
- 편하게 신는 **캐주얼** 신발 → **casual** 평상복의, 격식 없는
- 땀이 나면 마시는 포카리**스웨트** → **sweat** 땀

초등학생은 재미있게 놀면서 영단어를 익혀야 합니다!

영어를 처음 시작하는 초등학생은 스트레스 없이 영단어를 외워야 합니다. 그런데 기존의 초등용 영단어 교재들은 특별한 암기비법도 없이 어린 학생들이 MP3 듣고 받아쓰게 하고, 기본 단어도 모르는 아이들이 영어 예문을 보며 끙끙거리며 공부하게 만들었지요. 또한 이런 진부한 방식으로 암기가 잘 되지 않자, 책 뒤에 연습문제를 만들어서 여러 번 받아쓰면서 지겨운 방식으로 영단어를 암기하게 했지요. 이렇게 영단어를 익히면서 우리 아이들이 영어에 취미를 붙이기를 바라나요?

허접한 영단어장은
지구를 떠나라!

●〈영단어 무한 지배자 초등편: 워크북〉
은 그날그날 학습한 단어들을 바로 확인해볼 수 있
도록 본책〈영단어 무한 지배자 초등편〉에서 그림과
우리말 예문을 별도로 뽑아서 만든 **암기 연습장**
입니다. MP3에서 들려준 각 단어의 스펠링을 떠올
리며 빈칸을 채워 넣어 보세요.

초스피드 **영총알** 암기 연습

그림과 예문을 보고,
떠오르는 영어 단어를 써보세요.

0001

조직의 대장은 **보스** _____

0002

(과자) **포테이토**칩 _____

0003

TV **스타** _____

0004

차 **오디오** _____

0005

영리한 **스마트**폰 _____

0006

다이아몬드 반지 _____

0007

롱다리 vs. 숏다리 _____

0008

로스**앤젤**레스는
'천사들의 도시'라는 뜻이에요. _____

0009
물**컵** 좀 줄래? _____

DAY 01

캡틴 잭스패로

_____

야구 모자를 **캡**이라고 하죠.

_____

트릭 쓰지 마세요.

_____

화물 **트럭**

_____

트렁크에 옷을 넣으세요.

_____

징글**벨**

_____

라벨을 확인하다

_____

보너스 상품

_____

TV **드라마**

_____

0019 햇빛을 막아주는 해변 **파라솔** _____

0020 **올림픽** 경기는 4년마다 열리죠. _____

0021 **럭셔리**한 핸드백 _____

0022 미국 야구에서 가장 중요한 **메이저** 리그 _____

0023 **무비** 스타 _____

0024 사진 **필름** _____

0025 쇼핑**센터** _____

0026 가요 **콘서트** _____

0027 게임 **파트너** _____

0028 **아파트** 몇 층에 사세요? _____

0029 그 공을 나한테 **패스**해. _____

0030 현재 **스코어**는 3대 2입니다. _____

0031 침대 **커버** _____

0032 **데모** 때문에 길이 막혀서 늦었어요. _____

0033 **차이나**타운 _____

0034 다운**타운** _____

0035 **펀치**를 한 방 날리다 _____

0036 **액션**배우 _____

0037 브라질의 리우 **카니발**은
세계 3대 축제 중 하나죠. _____

0038 어버이날 부모님께 달아드리는
카네이션 _____

0039 만화 **캐릭터** _____

0040 **바디**로션 _____

0041 보디**가드** _____

0042 고층 **빌딩** _____

0043 스타**워즈** _____

0044 **앰뷸런스**는 구급차를 말하지요. _____

0045 동물 모양의 **애니멀** 쿠키 _____

0046 (가구) **암**체어 _____

0047 **알람** 시계 _____

DAY 02

0048
네일 **아트** _____

0049
고무 **밴드**로 머리를 묶어요. _____

0050
하우스**와이프** _____

0051
하우스 **허즈번드** _____

0052
강력 **본드** _____

0053
통닭 **바비큐** 파티 _____

0054
(야구) 1루 **베이스**는
1루 바닥에 놓여 있지요. _____

0055
베이스볼 _____

0056
야구 **배트** _____

0057

캣타워

_____

0058

케틀벨

_____

0059

사이클 경기

_____

0060

(카메라) **포커스** 맞추기

_____

0061

식사를 할 땐 영양소의
밸런스가 중요해요.

_____

0062

(상식) 미국을 흔히
'**엉클** 샘'이라고 불러요.

_____

0063

스노 **보드**

_____

0064

블랙보드

_____

0065

예쁜 **액세서리**

_____

0066

내신 상위 1**퍼센트**에 드는 것은
어려워요.

_____

0067

제 키는 165 **센티미터**예요. _____

0068

싱크로나이즈 스위밍(수중발레)에서는
선수들의 동작이 마치 한 몸처럼 일치하죠. _____

0069

(축구) **시저스** 킥을
가위차기라고 하지요. _____

0070

(축구) 센터 **서클** _____

0071

(야구장의) **익사이팅** 존 _____

0072

와이드 **스크린** _____

0073

파격 **세일** _____

0074

(축구) **크로스** 패스 _____

0075

패션모델의 **워킹** _____

0076

저 사람은 워킹 **딕셔너리**야. _____

초스피드 영총알 암기 연습

그림과 예문을 보고,
떠오르는 영어 단어를 써보세요.

0077
드라이**클리닝**을 했더니
옷이 깨끗하네요.

_____

0078
크리스털은 물처럼
맑은 보석이지요.

_____

0079
(카메라) **클로즈**업

_____

0080
클라이밍 열풍

_____

0081
비만 **클리닉**

_____

0082
레코드판에는 노래가
기록되어 있지요.

_____

0083
테크닉이 좋은 목수

_____

0084
스페이스센터에 가면
우주를 체험할 수 있어요.

_____

0085
신나는 **레크리에이션** 시간

_____

0086

단단한 **콘크리트** 건물

_____

0087

크레딧 카드

_____

0088

아이라인

_____

0089

꼼꼼히 **체크**해 주세요.

_____

0090

덴탈 클리닉

_____

0091

돔구장

_____

0092

(음악) **듀엣**

_____

0093

더블 치즈버거

_____

0094

다이너마이트를 발명한
사람은 노벨이에요.

_____

엑셀이 계산기보다 나아요. _____

비상 출입문에 표시되어 있는
엑시트는 출구를 뜻하지요. _____

퍼펙트해. _____

팩토리 아웃렛 _____

사무실이 많은 **오피스**빌딩 _____

패션모델 _____

포커**페이스** _____

판타스틱한 마술쇼를
보니 굉장하군요. _____

파이널 테스트 _____

비기너 코스 _____

0105
캠프**파이어** _____

0106
외모 **콤플렉스** _____

0107
꽃을 말리면 드라이**플라워**가 되죠. _____

0108
신종 **플루**가 유행이래요. _____

0109
(축구) 센터**포워드** _____

0110
포토샵 프로그램으로 사진을
예쁘게 꾸며보세요. _____

0111
게임 〈**앵그리** 버드〉에는
화난 새가 등장하죠. _____

0112
게임 〈앵그리 **버드**〉에는
여러 종류의 새가 나와요. _____

0113
얼리 버드 _____

0114
어글리하다 _____

초스피드 **영총알 암기 연습**

그림과 예문을 보고,
떠오르는 영어 단어를 써보세요.

0115
러브 **스토리**
_____

0116
비하인드 스토리
_____

0117
스토리**텔링**
_____

0118
중학교 **유니폼**
_____

0119
달리는 **폼**이 멋있네요.
_____

0120
다크**호스**
_____

0121
호텔 **프런트**
_____

0122
주얼리숍
_____

0123
주니어 의류
_____

DAY 04

 0124

주니어 & **시니어** _____

 0125

펀드 매니저 _____

 0126

자동차 **엔진** _____

 0127

오리지널 작품 _____

 0128

바닷가에서는 **선글라스**를 끼세요. _____

 0129

그랜드 피아노 _____

 0130

차일드락 _____

 0131

컴퓨터 **그래픽** _____

0132

컴퓨터 **프로그램** _____

0133 공부 **그룹** _____

0134 만우절 **해프닝** _____

0135 최신 **컴퓨터** _____

0136 **프로젝트** 규모가 엄청 크네요. _____

0137 비행기 **제트** 엔진 _____

0138 러브 **레터** _____

0139 **헤드**폰 _____

0140 (육상 경기) **골라인** _____

0141 (야구) 두산 **베어스** _____

0142 (야구) NC **다이노스** _____

0143 ☐ (야구) 한화 **이글스**

0144 ☐ (야구) 롯데 **자이언츠**

0145 ☐ (야구) 넥센 **히어로즈**

0146 ☐ (야구) 삼성 **라이온**즈

0147 ☐ (야구) 기아 **타이거**즈

0148 ☐ (야구) LG **트윈스**

0149 ☐ (축구) 전남 **드래곤**즈

0150 ☐ (축구) 포항 **스틸**러스

DAY
04

그림과 예문을 보고,
떠오르는 영어 단어를 써보세요.

0151

우표 **컬렉션** _____

0152

랭귀지 스쿨 _____

0153

미국인이 많이 쓰는 **슬랭** _____

0154

타이트한 밀착 패션 _____

0155

루스하고 느슨한 바지 _____

0156

릴렉스 체어 _____

0157

완벽하게 **마스터**해라. _____

0158

기분 전환으로 손톱에
매니큐어 해볼까요? _____

0159

이 매장의 **매니저**는 누구죠? _____

0160

공공장소에서는
매너 있게 행동해야 해요.
_____

0161

메디컬 테스트 – 신체검사
_____

0162

피자 **미디엄** 사이즈
_____

DAY 05

0163

(권투) **미들**급
_____

0164

스피드가 무척 빠르네요.
_____

0165

스피드**건**은 권총 모양으로 생겼어요.
_____

0166

마이크(로폰)
_____

0167

웨이브 파마
_____

0168

등산 **멤버**끼리 산에
올라가기로 했어요.
_____

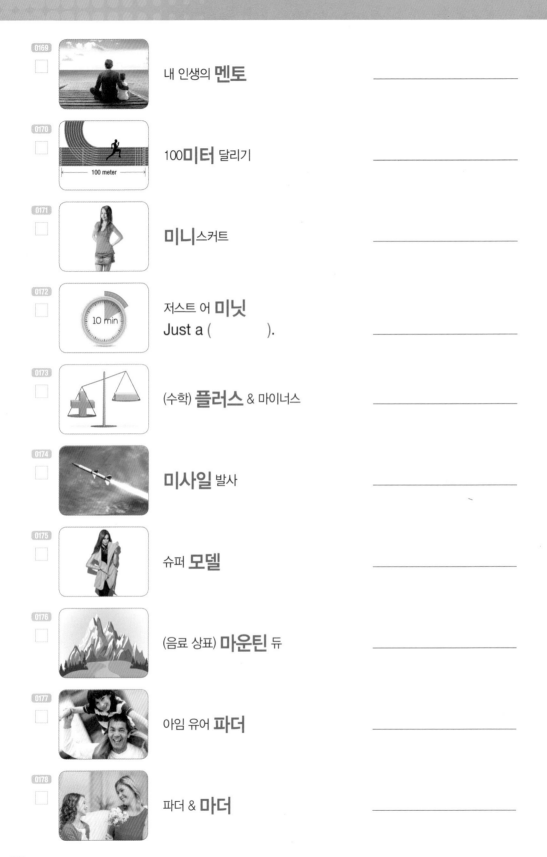

0169		내 인생의 **멘토**	_____
0170		100**미터** 달리기	_____
0171		**미니**스커트	_____
0172		저스트 어 **미닛** Just a ( ).	_____
0173		(수학) **플러스** & 마이너스	_____
0174		**미사일** 발사	_____
0175		슈퍼 **모델**	_____
0176		(음료 상표) **마운틴** 듀	_____
0177		아임 유어 **파더**	_____
0178		파더 & **마더**	_____

0179 슬로 **모션**

0180 신나는 **모바일** 게임

0181 **멀티**미디어 시대

0182 **인터넷** 게임

0183 문방구에서 **노트북**을 샀어요.

0184 나만의 **노**하우

0185 **아나운서**

0186 영어 단어 **스펠링** 게임

0187 영어 **알파벳**에는
a, b, c, d, e 등이 있지요.

0188 **셀폰**

0189 건물 **리노베이션** 공사 _____

0190  땅콩으로 만든 **피넛**버터 _____

0191 **너스** 콜 _____

0192 너의 **페이스**를 유지해. _____

0193  자전거 **페달** _____

0194  잠수함 **프로펠러** _____

0195 (의류) **슈트** _____

0196  **파트**타임 _____

0197  생일 **파티** _____

0198 (치과) **임플란트** _____

0199 지하철 **플랫폼**에 열차가 도착했어요. _____

0200 (레스토랑) **플레이트** 서비스 _____

DAY **06**

0201 **볼링**공은 사발처럼 생겼죠. _____

0202 핫**플레이스** _____

0203 서울 **타워**(남산 타워)에 올라가면
서울의 야경이 보여요. _____

0204 궁전처럼 화려한 대저택을
팰리스라고도 해요. _____

0205 (스포츠 경기) **포인트**를 올리다 _____

0206 **포즈**가 멋지군요. _____

0207 **프러포즈** 이벤트

_____

0208 (야구) 내야수 **포지션** 변동

_____

0209 확실한 **서포트**

_____

0210 **에어**컨

_____

0211 인천 **에어포트**

_____

0212 (휴대전화) **에어플레인** 모드

_____

0213 (자동차) **포터** 트럭은 '짐꾼'이라는 뜻이죠.

_____

0214 블로그에 사진을 **포스팅**하다(올리다)

_____

0215 나눠드린 **프린트**를 보세요.

_____

0216 **익스프레스** 버스 터미널

_____

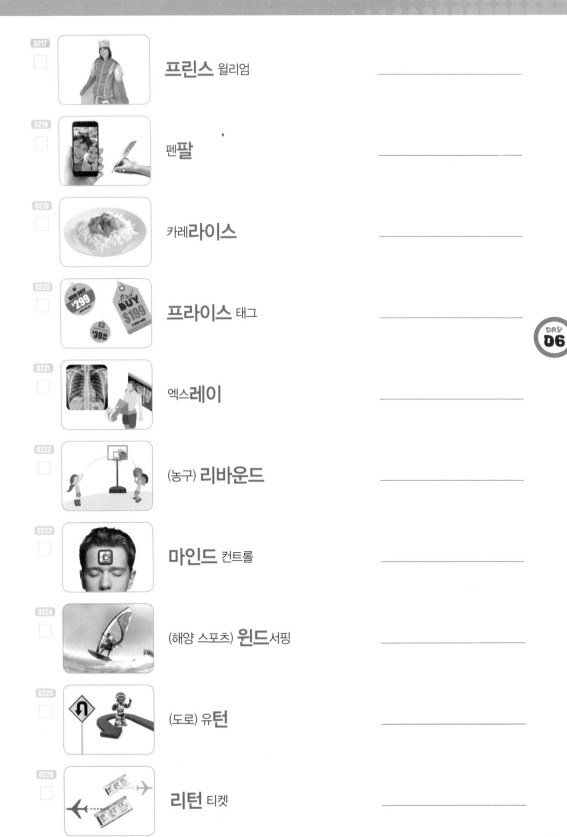

0217 **프린스** 윌리엄

0218 펜**팔**

0219 카레**라이스**

0220 **프라이스** 태그

0221 엑스**레이**

0222 (농구) **리바운드**

0223 **마인드** 컨트롤

0224 (해양 스포츠) **윈드**서핑

0225 (도로) 유**턴**

0226 **리턴** 티켓

그림과 예문을 보고,
떠오르는 영어 단어를 써보세요.

0227 (축구) 레드카드 _____

0228 (잡지) 사이언스 _____

0229 스카이다이빙 _____

0230 '확실해?' 대신에 '아유슈어? _____

0231 센스 있는 사람 _____

0232 산을 오를 때 두 번째로 오르는
사람을 세컨드라고 해요. _____

0233 퍼스트 & 세컨드 & 써드 _____

0234 새드 무비 _____

0235 사인펜 _____

0236

세련된 **디자인**　　＿＿＿＿＿＿＿＿＿＿

0237

고양이 **스크래치**　　＿＿＿＿＿＿＿＿＿＿

0238

추울 땐 목에 **스카프**를 두르세요.　　＿＿＿＿＿＿＿＿＿＿

0239

탑 **시크릿**　　＿＿＿＿＿＿＿＿＿＿

DAY 07

0240
전화하지 말고 **팩스**를 보내주세요.　　＿＿＿＿＿＿＿＿＿＿

0241

심플한 시계　　＿＿＿＿＿＿＿＿＿＿

0242

싱글 베드　　＿＿＿＿＿＿＿＿＿＿

0243

샘플 화장품　　＿＿＿＿＿＿＿＿＿＿

0244

어시스트하다　　＿＿＿＿＿＿＿＿＿＿

0245
랜드 마크

_____

0246
워터 슬라이드

_____

0247
화장실 슬리퍼

_____

0248
혼자 노래 부르는 솔로 가수

_____

0249
솔저룩

_____

0250
솔루션을 제시하다

_____

0251
산업 스파이

_____

0252
거미처럼 벽을 기어오르는
능력을 지닌 스파이더맨

_____

0253
스프링클 – 뿌리다
잔디 스프링클러

_____

0254
워터 스프레이

_____

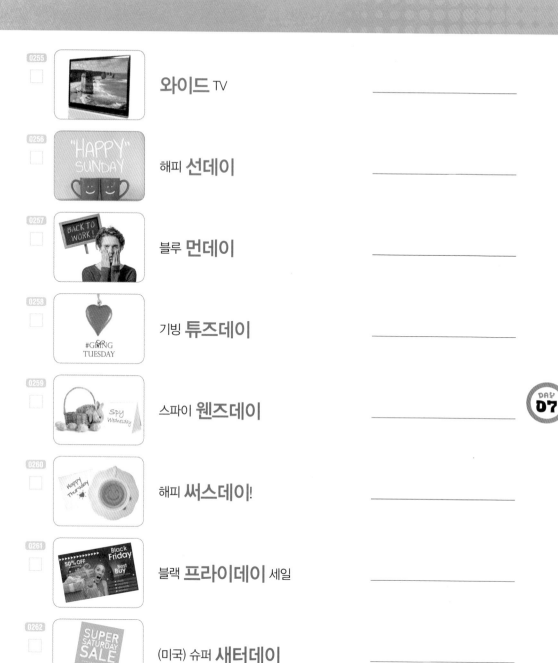

0255 **와이드** TV

0256 해피 **선데이**

0257 블루 **먼데이**

0258 기빙 **튜즈데이**

0259 스파이 **웬즈데이**

0260 해피 **써스데이**!

0261 블랙 **프라이데이** 세일

0262 (미국) 슈퍼 **새터데이**

0263
잠실 **스타디움**에서
야구 시합이 있어요.

_____

0264
침실 **스탠드**

_____

0265
가스 **스테이션**

_____

0266
글로벌 **스탠더드**

_____

0267
인스턴트식품

_____

0268
립싱크 가수

_____

0269
립스틱

_____

0270
스트레칭 운동

_____

0271
(권투) **스트레이트**

_____

0272

부동산 **에이전트**

0273

팬 **미팅**에서
연예인을 만나면 신나겠죠?

0274

(관광지) 워킹 **스트리트**

0275

(스포츠) **파이트**머니

0276

스팀 청소기

0277

서브웨이 샌드위치는
지하철처럼 길쭉한 모양이죠.

0278

바다의 왕자 **마린**보이

0279

슈퍼맨은 못 하는 게 없어요.

0280
브라운 **슈거**

DAY
08

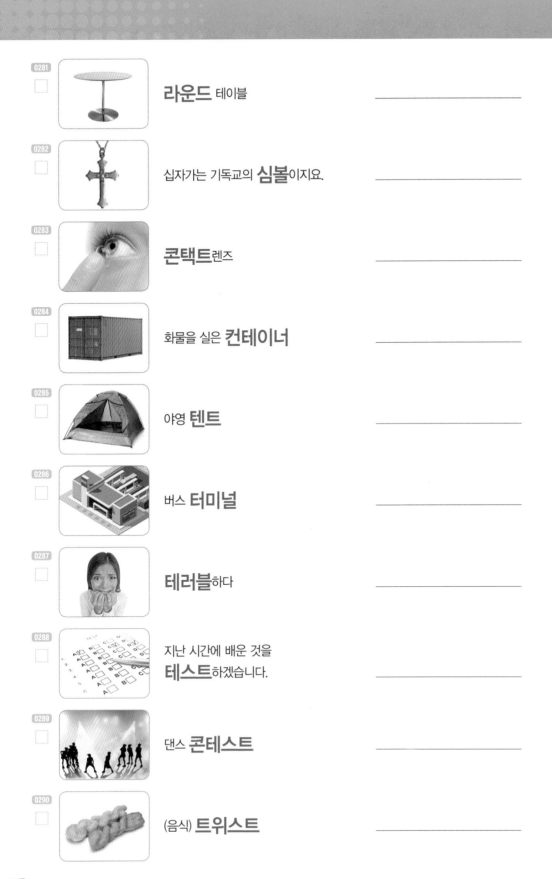

0281
라운드 테이블 _____

0282
십자가는 기독교의 **심볼**이지요. _____

0283
콘택트렌즈 _____

0284
화물을 실은 **컨테이너** _____

0285
야영 **텐트** _____

0286
버스 **터미널** _____

0287
테러블하다 _____

0288
지난 시간에 배운 것을
테스트하겠습니다. _____

0289
댄스 **콘테스트** _____

0290
(음식) **트위스트** _____

0291
농업용 **트랙터**
_____

0292
(음악) **트리오**
_____

0293
(악기) **트라이앵글**
_____

0294
광활하고 신비로운 **유니버스**
_____

0295
깜짝 **이벤트**
_____

0296
벤처 기업
_____

0297
롯데월드 **어드벤처**
_____

0298
화재 예방 **포스터**
_____

0299
비디오카메라
_____

0300
뷰티 **어드바이스**
_____

DAY
08

초스피드 **영총알** 암기 연습

그림과 예문을 보고,
떠오르는 영어 단어를 써보세요.

0301
텔레비전 방송국 _____

0302
영어 **인터뷰** _____

0303
(구호) 힘내자! **빅토리**! _____

0304
몸에 좋은 **비타민** C _____

0305
서바이벌 게임 _____

0306
허스키 **보이스** _____

0307
스피커 **볼륨**을 높이다 _____

0308
익스큐즈미 _____

0309
제너럴 **호스피탈** _____

0310　몸무게가 몇 **파운드** 나가세요?

0311　(자동차) **액셀러레이터**

0312　딸기**잼**

0313　잼을 보관하는 **병**

0314　로봇 **트레인**과 함께 떠나는
기차 여행

DAY
09

0315　이번 크리스마스**트리**는
어떤 나무로 만들까요?

0316　오늘 **프리**해.

0317　(이색 체험) **프리즌** 스테이

0318　**트러블** 메이커

시티 **투어**

_____

베이비 **튜브**

_____

터널 공사

_____

(춘천 명소) **터틀**랜드

_____

베리 굿

_____

환상의 **바이올린** 연주

_____

(자동차) **왜건**

_____

(야구) **캐치** 볼

_____

큐트하다

_____

푹신한 **쿠션**

_____

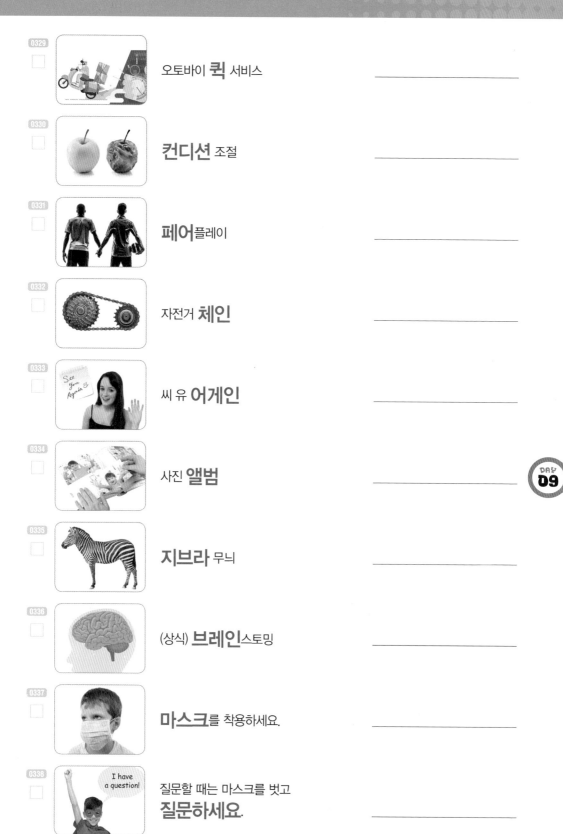

0329 오토바이 **퀵** 서비스

0330 **컨디션** 조절

0331 **페어**플레이

0332 자전거 **체인**

0333 씨 유 **어게인**

0334 사진 **앨범**

0335 **지브라** 무늬

0336 (상식) **브레인**스토밍

0337 **마스크**를 착용하세요.

0338 질문할 때는 마스크를 벗고
질문하세요.

DAY
09

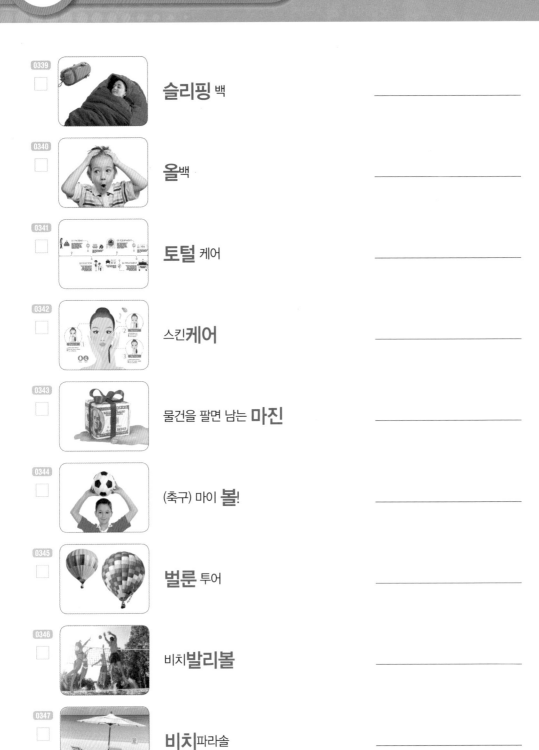

0339
슬리핑 백

_____

0340
올백

_____

0341
토털 케어

_____

0342
스킨**케어**

_____

0343
물건을 팔면 남는 **마진**

_____

0344
(축구) 마이 **볼**!

_____

0345
벌룬 투어

_____

0346
비치**발리볼**

_____

0347
비치파라솔

_____

0348
목욕 **타월**

_____

0349
키친타월

_____

0350
실리콘 **밸리**

_____

0351
컵누들

_____

0352
사운드가 좋은 오디오

_____

DAY
10

0353
맛있는 **도넛**

_____

0354
스포츠 **웨어**

_____

0355
피자 **딜리버리**

_____

0356
원 **페어**

_____

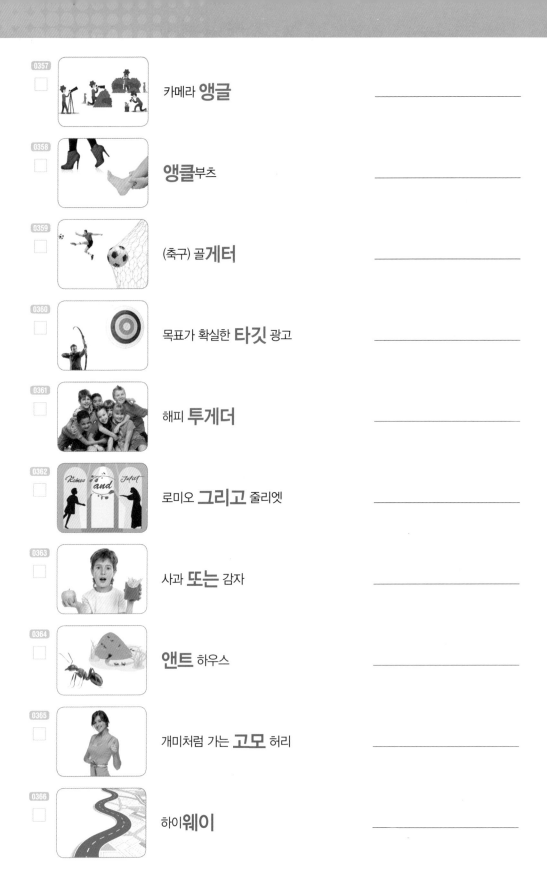

0357 카메라 **앵글** _____

0358 **앵클**부츠 _____

0359 (축구) 골**게터** _____

0360 목표가 확실한 **타깃** 광고 _____

0361 해피 **투게더** _____

0362 로미오 **그리고** 줄리엣 _____

0363 사과 **또는** 감자 _____

0364 **앤트** 하우스 _____

0365 개미처럼 가는 **고모** 허리 _____

0366 하이**웨이** _____

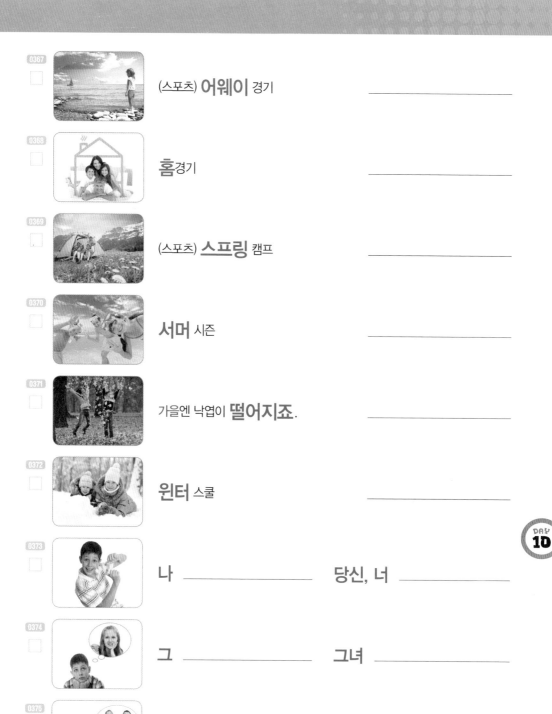

0367 (스포츠) **어웨이** 경기 _____

0368 **홈**경기 _____

0369 (스포츠) **스프링** 캠프 _____

0370 **서머** 시즌 _____

0371 가을엔 낙엽이 **떨어지죠**. _____

0372 **윈터** 스쿨 _____

0373 나 _____ 당신, 너 _____

0374 그 _____ 그녀 _____

0375 우리들 _____ 너희들 _____ 그들 _____

DAY
10

0376

농구 **코치** _____

0377

식당 음식 **메뉴** _____

0378

패밀리 **사이즈** 피자 _____

0379
저는 클래식 **뮤직**을 좋아해요. _____

0380
해피 **엔드** _____

0381

해피 **위크** _____

0382

아프리카 코끼리 _____

0383

아메리카 대륙을 발견한 콜럼버스 _____

0384
(천체) **블랙**홀 _____

0385

스터디 그룹

_____

0386

스튜피드한 사람

_____

0387

(스포츠) 홈**그라운드**

_____

0388

오렌지 주스

_____

0389

고급 **레스토랑**

_____

0390

강 근처에 있는 **리버** 타운

_____

DAY
11

0391

우리가 흔히 쓰는 '**쌤쌤**'이라는 표현이
영어의 same에서 나온 말이에요.

_____

0392

(축구) 골 **에어리어**

_____

0393

도보로 여행할 때는
하이킹화를 신으세요.

_____

0394 아이 **라이크** 캠핑

0395 **주주** 테마 동물원

0396 **스톤** 아트

0397 **스핀** – 돌리다, 회전시키다, 회전
(운동) 스피닝

0398 (게임) 서든 **어택**

0399 **템플** 스테이

0400 **홈스테이**

0401 **팜** 스테이

0402 인터넷 게임 **아이템**

0403 우리말 '똥'과 영어 '**덩**'은
발음까지 비슷하네요.

0404	(야구) 파울 **플라이**
0405	(싱가포르) **버터플라이** 가든
0406	옛 **써** Yes, ( )!
0407	**마담** 퀴리
0408	여기서 서울까지는 20**마일** 거리입니다.
0409	(미국) 백악관 동쪽 끝에 있는 **이스트** 룸
0410	(미국) **웨스트** 버지니아 주(州)
0411	**사우스** 아프리카
0412	**노스** 코리아
0413	게임 **머니**

0414

프라이**팬**
_____

0415

버튼을 누르면 문이 열려요.
_____

0416

부드러운 **톤**으로 말하세요.
_____

0417

(경제 용어) 블루**오션**
_____

0418
풀**문**
_____

0419
허니문 패키지
_____

0420
허니!
_____

0421
달의 주기로 정한 것이 **월**이지요.
_____

0422

웨딩 촬영
_____

0423
웨딩 **마치** _____

0424
스쿨존(학교 구역)입니다. _____

0425
(미국 콜로라도 덴버) **펌프킨** 축제 _____

0426
오늘의 **위너** _____

0427
이미테이션 가방 _____

0428
딸기 **셰이크** _____

0429
웨이크 업 _____

0430
오너드라이버 _____

0431
박스에 물건을 넣어요. _____

DAY
12

0432 **폭스**테리어

0433 **배드** 보이

0434 건강을 위해서 **배드민턴**을 치세요.

0435 예쁜 핸드**백**

0436 요트 **세일**

0437 **베일** 속에 가려진 인물

0438 **크라운** 베이커리

0439 베이킹**파우더**

0440 **웨이터**는 식당에서
손님의 시중을 드는 남자 종업원

0441 **웨이트** 트레이닝

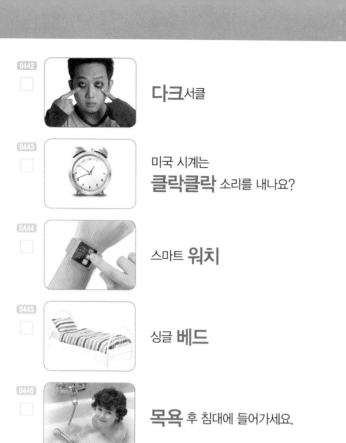

0442

다크서클

0443

미국 시계는
클락클락 소리를 내나요?

0444

스마트 **워치**

0445

싱글 **베드**

0446

목욕 후 침대에 들어가세요.

0447

이것

0448

저것

0449

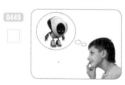

그것

DAY
12

0450

소양강 **댐** _____

0451

갱 영화 _____

0452

인터넷 **뱅킹** _____

0453

오 마이 **달링** _____

0454

해피 **버스데이**! _____

0455

(　　　) **new year**!
새해 복 많이 받으세요! _____

0456

미스터리한 사람 _____

0457

EBS 수학교재
〈**매스** 트레이닝〉 _____

0458

잉글리시 **티처** _____

레이저**빔**이 무척 밝군요.

_____

디어 프렌드

_____

존**디어**

_____

유럽 여행 **가이드**

_____

(킥복싱) **로우**킥

_____

그로우 게임

_____

에이스 투수

_____

DAY
13

뷰티숍

_____

벤치에 앉아 쉬세요.

_____

0468 안전**벨트**를 매세요.

0469 **사이드** 미러

0470 (축구) **인사이드** 킥

0471 (축구) **아웃사이드** 킥

0472 암소를 몰고 다니는 **카우**보이(목동)

0473 **터키**를 여행하면
칠면조 고기를 먹어야 할까요?

0474 **몽키** 바나나

0475 위성 발사를 위한 **카운트**다운

0476 헤어 **커트**

0477 He is small (　　) strong.
– 그는 작지만 강하다.

노 **프라블럼**

_____

TV **퀴즈**쇼

_____

전교 **톱**

_____

핫**토픽** – 뜨거운 화제

_____

(미국 유타) 솔트 **레이크**는
소금 호수로 유명하지요.

_____

소금이 들어간 **솔트** 크림

_____

샐러리맨

_____

브라더후드

_____

브라더 vs. **시스터**

_____

DAY
13

0487
벳 – 돈을 걸다, 내기하다
베팅
_____

0488
와일드한 성격
_____

0489
슈퍼맨 vs. **원더**우먼
_____

0490
컴퓨터 **바이러스**
_____

0491
(개 품종) **셰퍼드**
_____

0492
블랭킷 에어리어
_____

0493
자동차 **렌트**
_____

0494
렌드는 렌트의 반대말이지요.
_____

0495
작별의 **키스**
_____

0496

블라인드 설치 _____

0497

라커룸 _____

0498

자동차 **키** _____

0499

원**룸** 아파트 _____

0500

룸메이트 _____

0501

(권투) 바디 **블로** _____

0502

추우면 **코트**를 입으세요. _____

0503

보트 타기 _____

DAY
14

0504
보트 타는 **염소** _____

0505

롱**부츠**

0506

(자동차) 선**루프**

0507

브레이크 댄스

0508

패스트푸드

0509

아메리칸 **브랙퍼스트**

0510

맥**런치**

0511

(영국 런던) 타워 **브리지**

0512

버너에 스테이크를 구워요.

0513

비즈니스맨

0514

비즈니스 하는 사람은 늘 **바쁘죠**?

0515 **퍼즐** 맞추기

0516 심판의 **휘슬**

0517 백화점 **에스컬레이터**

0518 **스케일**이 크다

0519 **캠프**파이어

0520 **램프**의 건전지를 교체해주세요.

0521 대학 **캠퍼스**

0522 신나는 **래프팅**

0523 **바이** – 사다
바이어

0524 굿 **바이**

DAY
14

0525

커플**링**

_____

0526

어니언링

_____

0527

브라운 슈거

_____

0528

(컴퓨터) **버그**

_____

0529

아프리카 야생 **버펄로**

_____

0530

불**도저**

_____

0531

도그 티비(TV)

_____

0532

탁상 **캘린더**

_____

0533
콜센터

_____

64

0534
디지털 **카메라**

0535
비스킷을 **바스켓**에 담으세요.

0536
더치**페이**

0537
생일 **케이크**

0538
커플**룩**

0539
아기를 위한 **베이비** 용품

0540
(축구) **하프** 라인

0541
I (　　) a dog.
– 나는 개 한 마리를 가지고 있다.

0542
급**커브** 길을 조심하세요.

DAY
15

0543 **캐주얼**한 평상복 패션 _____

0544 감격스런 우승 **트로피** _____

0545 **카툰** 세상 _____

0546 크리스마스**카드** _____

0547 당근 농장에 **캐럿** 캐러 갈까요? _____

0548 숙녀용 **드레스** _____

0549 굿 **애프터눈** _____

0550 투에서 유래한 **트와이스** _____

0551 아시아 음식 **페스티벌** _____

0552 이 **차트**를 보세요. _____

0553 카 레이스

0554 채트 – 채팅하다, 잡담하다
인터넷 채팅방

0555 캔 커피

0556 깡통 안에 **촛불**을 켜세요.

0557 **예스** vs. 노

0558 워커**힐**

0559 돈 **크라이**

0560 젓가락 한 짝 – **찹스틱**

0561 티스푼

0562 야채 **수프**

DAY
15

그림과 예문을 보고,
떠오르는 영어 단어를 써보세요.

0563
오픈**카**
_____

0564
차 타고 갈 만큼 **먼**
_____

0565
마트 **카트**
_____

0566
여행 중에는 **캐리어**를 잘 챙기세요.
_____

0567
월드컵 **챔피언**
_____

0568
정말 좋은 **찬스**
_____

0569
선수 **체인지**
_____

0570
휠체어
_____

0571
(자동차) **휠** 교체
_____

멋진 **헤어**스타일

_____

스몰 **토크**

_____

체스 게임

_____

너무 **푸시**하지 마.

_____

푸시 vs. **풀** – 밀기 vs. 당기기

_____

콜드 케어 시럽

_____

서류를 **클립**으로 고정시켜요.

_____

독서 **클럽**

_____

싯업

_____

크림빵

_____

0582

엄브렐라는 신데렐라가
좋아하던 우산인가요?

_____

0583

시티 라이프

_____

0584

상위 클래스

_____

0585

레벨이 높다

_____

0586

건강을 위해 엘리베이터 대신
계단을 이용해봐요.

_____

0587

(축구) 코너킥

_____

0588

렛츠고!

_____

0589

버스 스톱

_____

0590

커피숍

_____

0591

컴백

0592

배를 잡고 웃게 만드는
코미디 프로그램

0593

(항공) **컨트롤** 타워

0594

시트 벽지

0595

선글라스

0596

선&도터

0597

스쿠버**다이빙**

0598
레드 **와인**

0599
돈 **워리** 비 해피

0600
고스트 하우스

DAY
16

0601 (축구) 슛~ **골** _____

0602 골프 **코스** _____

0603 **컬러**텔레비전 _____

0604 사탕보다 **초콜릿**이 좋아요. _____

0605 **치즈** 피자 _____

0606 **슬라이스** 햄 _____

0607 (스포츠) **플레이** 볼 _____

0608 (컴퓨터) 키보드 **엔터**키 _____

0609 **퍼스널** 컴퓨터 _____

0610

버터 **쿠키** _____

0611

요리사가 등장하는 TV **쿡**방(요리 방송) _____

0612

풀장 _____

0613

쿨 – 시원한, 쌀쌀한
쿨러 _____

0614

로보**캅** _____

0615

나무로 된 **우드**블록 _____

0616

털로 된 **울** 니트 _____

0617

점보제트 비행기는 엄청 커요. _____

0618

높이 **점프**하다 _____

0619 **정글** 탐험 _____

0620 **파인드**잡 _____

0621 **홀드** – 잡다, 쥐다
컵홀더 _____

0622 맨**홀** _____

0623 (카드 게임) **원**카드 _____

0624 (야구) **투** 아웃 _____

0625 (야구) **쓰리**런 홈런 _____

0626 **포**시즌 _____

0627 하이 **파이브** _____

0628 **식스**팩 _____

 **0629** 러키세븐 _____

 **0630** **에이트** 비트 _____

 0631 (골프) **나인**홀 _____

 0632 톱 **텐** _____

 0633 (축구) 베스트 **일레븐** _____

 **0634** (필리핀) **헌드레드** 아일랜드 _____

 0635 (소스) **사우전드** 아일랜드 드레싱 _____

0636 **밀리언** 달러 _____

0637 헬리콥터 조종사 _____

0638 카피하다 _____

0639 팝콘은 옥수수를 튀겨서 만들죠. _____

0640 (자동차) 시트커버 _____

0641 올림픽 스폰서 _____

0642 이지젯은 이용하기 쉬운
유럽 항공이에요. _____

0643 컨트리 라이프 _____

0644 농구 코트 _____

0645 킹 크랩 _____

DAY
18

0646

달걀 **프라이** _____

0647

크레이지한 행동 _____

0648

스포츠 **카이트** 동호회 _____

0649

캐시 카드 _____

0650

워시 – 씻다, 씻기
(자동차) 워셔액 _____

0651

플라스틱 **트레이** _____

0652

러시아워 _____

0653

헤어**브러시** _____

0654

룰을 지키세요. _____

0655
훌륭한 **리더**

_____

0656
(경기장) **치어**리더

_____

0657
망고 **시드**

_____

0658
워터**드롭**

_____

0659
더티 플레이

_____

0660
스모그 현상

_____

0661
스모크 – 담배를 피우다, 흡연, 연기
노 스모킹

_____

0662
해피버스**데이**

_____

0663
투데이 뉴스

_____

0664
비틀즈의 명곡 〈**예스터데이**〉

_____

78

0665 **다이어트** 식단

0666 다이어트 한다고 계속 굶으면
결국 **다이**할지도 몰라요.

0667 **디너**파티

0668 (영화) 프린세스 **다이어리**

0669 뮤직 **라이브러리**

0670 커피**포트**

0671 **미트**볼

0672 음식을 너무 많이 **먹으면**
오바이트를 할 수도 있어요.

0673 아이스**티**

0674

(미국) **화이트** 하우스

_____

0675

데이트 신청

_____

0676

데이트 하면서 **미워하지** 않겠죠?

_____

0677

릴레이 경기

_____

0678

피아노 **레슨**

_____

0679

영어 **리스닝** 테스트

_____

0680

(야구장) **펜스** 거리

_____

0681

게이트볼

_____

0682

음료를 **톨** 사이즈

_____

DAY 19

0683
신나는 에어로빅 **댄스**

_____

0684
(책) 빅 **픽처**

_____

0685
모노레일

_____

0686
도어맨

_____

0687
퍼스트 **플로어**

_____

0688
디저트 카페

_____

0689
안내 **데스크**

_____

0690
칵테일

_____

0691
창문의 **커튼**을 치다

_____

0692 크리스마스**이브**

0693 **이브닝**드레스

0694 **백**팩

0695 자동차 백**미러**

0696 아파트 vs. **맨션**

0697 원**맨**쇼

0698 유명 관광지에는 사람이 참 **많아요**.

0699 슈퍼**우먼**과 원더우먼은 환상적인 여성이에요.

0700 **폴더**폰

0701 이메일

0702

맥도날드 **빅**맥

_____

0703

새끼 돼지를 **피그**렛이라고 해요.

_____

0704

(양식 요리) 메인 **디시**

_____

0705

위시 리스트

_____

0706

닥터 **피시**

_____

0707

셀카(셀프 카메라)

_____

0708

시내**버스**

_____

0709

버스 탈 때 필요한 **지갑**

_____

0710

공부 **스트레스**

_____

0711

러브 스토리

_____

0712

(요리) 베이징**덕** _____

0713

페이 **닥터** _____

0714

베스트 상품 _____

0715

(스포츠) **드림** 팀 _____

0716

힘이 솟아나는 에너지 **드링크** _____

0717

헤어**드라이어** _____

0718

허리 업! _____

0719

헌트 – 사냥, 사냥하다, 찾다
헤드 헌팅 _____

0720

웰컴 투 서울 _____

0721

웰빙 시대
_____

0722

헬로 키티
_____

0723

옐로카드
_____

0724

(복싱) **헤비**급
_____

0725

비행기는 무거운데 **하늘**을 날아요.
_____

0726

실크 옷이 참 예쁘네요.
_____

0727

실크 **로드**
_____

0728

미국 **달러**
_____

0729

달러로 살 수 있는 **인형**
_____

DAY
20

| 0730 | 환상의 **돌핀**쇼 | _____ |

| 0731 | **이어**폰을 오래 끼면 귀가 아파요. | _____ |

| 0732 | 해피뉴**이어**! | _____ |

| 0733 | **스페셜** 메뉴 | _____ |

| 0734 | 야구**팀** | _____ |

| 0735 | **아시아**는 가장 큰 대륙이에요. | _____ |

| 0736 | JAN 1 | 1월 | _____ |

| 0737 | FEB 2 | 2월 | _____ |

| 0738 | MAR 3 | 3월 | _____ |

| 0739 | APR 4 | 4월 | _____ |

MAY
5

5월

_____

JUN
6

6월

_____

JUL
7

7월

_____

AUG
8

8월

DAY
20

_____

SEP
9

9월

_____

OCT
10

10월

_____

NOV
11

11월

_____

DEC
12

12월

_____

0748
레인보우 케이크 _____

0749
레인 코트 _____

0750
테니스 선수 _____

0751
파크 **히어**(여기) _____

0752
히어 – 듣다
히어링 _____

0753
러닝센터 _____

0754
레이저 치료 _____

0755
레이저처럼 잘 지우는 **지우개** _____

0756
베스트 **프렌드** _____

DAY 21

플라스틱 바구니

_____

라스트 찬스

_____

에너지 절약

_____

엘리펀트 게임

_____

크리스마스 **캐럴**

_____

(   ) your meal!

– 식사 맛있게 하세요!

_____

롤케이크

_____

롤캐비지

_____

자전거 **타이어**

_____

0766 **타이틀** 곡 _____

0767 (배구) **리시브** _____

0768 **포크**로 콕 찍어서 드세요. _____

0769 **포크**커틀릿 _____

0770 컴퓨터 시스템 **에러** _____

0771 **영** 에이지 _____

0772 **올드** 프렌드 _____

0773 롱 타임 **어고** _____

0774 모델**하우스** _____

0775 **킵** – 지키다, 유지하다, 계속하다
(축구) 골키퍼 _____

0776 **인테리어** 공사

0777 **엑스트라** 배우

0778 열성 **팬**

0779 **페인트**칠

0780 우리 **패밀리**야.

0781 **웜** – 따뜻한
글로벌 워밍

0782 합창할 땐 **하모니**가 중요해요.

0783 **로팻** 우유

0784 **인터레스팅**하고 신나는 영화

0785
(호텔) **씨**뷰 _____

0786
바다에서 타는 **배** _____

0787
바다에는 장애물이 없어서
멀리 **볼** 수 있죠. _____

0788
선물 사러 기프트**숍**에 들렀어요. _____

0789
워터파크에 물놀이 하러 가요. _____

0790
워터멜론 _____

0791
I (   ) to[wanna] be a star.
– 스타가 되고 싶어요. _____

0792
(마트) **세이브** 존 _____

0793
풋 마사지 받으면 발이 시원해요. _____

0794

추울 때 입는 **스웨터**　　　＿＿＿＿＿＿＿＿＿＿

0795

(음료 상표) 포카리**스웨트**　　　＿＿＿＿＿＿＿＿＿＿

0796

구글 **웨더**　　　＿＿＿＿＿＿＿＿＿＿

DAY
22

0797

그린티　　　＿＿＿＿＿＿＿＿＿＿

0798

패스트**푸드**　　　＿＿＿＿＿＿＿＿＿＿

0799

하이**힐**　　　＿＿＿＿＿＿＿＿＿＿

0800

킬 – 죽이다
킬링 타임　　　＿＿＿＿＿＿＿＿＿＿

0801

필드하키　　　＿＿＿＿＿＿＿＿＿＿

0802

롤러 **스케이트**　　　＿＿＿＿＿＿＿＿＿＿

0803 콜라 **리필**

0804 **필**이 좋다

0805 컴퓨터 **파일**

0806 (스마트폰) **데이터** 사용량

0807 아임 **파인**

0808 라디오에서 흘러나오는 팝**송**

0809 **싱어**송라이터

0810 **핑거** 페인팅

0811 **프랑스**는 서유럽에 있는 나라예요.

0812 **프레시** 오렌지

0813

플래시를 터트리다

_____

0814

(골프) **풀**스윙

_____

0815

기프트숍

_____

0816

기브 & 테이크

_____

0817

테이크 아웃

_____

0818

드럼을 쳐 보세요.

_____

0819

오펜스 **파울**

_____

0820

프루트 – 과일
프루츠 칵테일

_____

0821

보일 – 끓다, 끓이다
보일러

_____

0822

자동차 엔진 **오일**

_____

그림과 예문을 보고,
떠오르는 영어 단어를 써보세요.

0823

퍼니 스토리

_____

0824

퍼니처를 파는 가구점

_____

0825

프로 **골프** 선수

_____

0826

터프 **가이**

_____

0827

멋진 **제스처**

_____

0828

지프를 타고 정글 속을 탐험해요.

_____

0829

지프보다 목이 긴 **기린**

_____

0830

슬로 모션

_____

0831
야구 **글러브**

_____

0832

굿 모닝

0833

모닝커피

0834

(식물) 레몬**그라스**

0835

스페셜 **게스트**

DAY 23

0836

통**기타**

0837

천둥의 신 토르는
손에 **해머**를 들고 있지요.

0838

신선한 **햄**

0839

핫초코

0840

스위트포테이토

0841

씨유 **투마로우**

_____

0842

스트로베리 요거트

_____

0843

블루**베리** & 라즈베리 & 아사이베리

_____

0844

블루진

_____

0845

블루**투스**

_____

0846

투 핫

_____

0847

핸드볼

_____

0848

자동차 **핸들**

_____

0849

핸섬 보이

_____

0850

행어

_____

0851 (컴퓨터) **하드**웨어

0852 (축구) **해트**트릭

0853 우리의 **호프**

0854 **오리엔탈** 특급 열차

0855 저스트 **두** 잇

0856 뒷굽이 높은 **하이**힐

0857 **헬멧**을 착용하세요.

0858 **후크** 선장의 갈고리 손

0859 블랙 **호크**

0860 **헬스**클럽

0861 올림픽 **게임** _____

0862 **가든**파티 _____

0863 **가스** 충전 _____

0864 **힐링** 여행 _____

0865 다이어트 **밀** _____

0866 색종이를 **하트** 모양으로 오려보세요. _____

0867 날씨가 추울 땐 히터를 켜세요. _____

0868 (놀이공원) **범퍼**카 _____

0869 라이언 **킹** _____

0870

호주에 가면 **캥거루**를 볼 수 있어요.　_____

0871

힙색　_____

0872

좋은 **아이디어**가 있어.　_____

0873

좋은 **이미지** & 나쁜 이미지　_____

0874

스텝이 꼬이다　_____

0875

역사 박물관에 가면 인류의
히스토리를 알 수 있지요.　_____

0876

아이스**하키**　_____

0877

하비 페스티벌　_____

0878

해피 **할러데이**　_____

DAY
24

101

0879 □ 허브 티 _____

0880 □ 헝그리 정신 _____

0881 □ 올웨이즈 헝그리 _____

0882 □ 하우스 푸어 _____

0883 □ 탤런트가 되고 싶어요. _____

0884 □ 넘버 세븐 _____

0885 □ (   ) school – 학교에서 _____

0886 □ (   ) the table – 테이블 위에 _____

0887 □ (   ) the tree – 나무 위에 _____
(나무에서 살짝 떨어진 위)

0888 □ (   ) the table – 테이블 아래에 _____

0889 ☐ ( ) the room – 방 **안에** _____

0890 ☐ ( ) the room – 방 **안으로** _____

0891 ☐ ( ) bed – 침대 **안에서 밖으로** _____

0892 ☐ I will go ( ) you. – 나는 너와 **함께** 갈 거야. _____

0893 ☐ ( ) you – 너의 **곁에서** _____

0894 ☐ ( ) lunch – 점심 식사 **전에** _____

0895 ☐ ( ) school – 학교가 끝난 **후에** _____

0896 ☐ ( ) Busan – 부산**으로부터** _____

0897 ☐ ( ) Seoul – 서울**까지** _____

0898
제주 **아일랜드**
_____

0899
물 **티슈**
_____

0900
(권투) **잽**을 날려라.
_____

0901
이건 **조크**야.
_____

0902
헬프 – 돕다, 도움
헬퍼 – 도와주는 사람
_____

0903
조인하다
_____

0904
생과일**주스**
_____

0905
아이스크림
_____

0906
원숭이가 좋아하는 **바나나**
_____

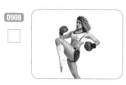

킥복싱

(격투기) **니**킥

돌을 발로 차면 발이 **아파요**.

사람처럼 생긴 **마네킹**

키즈 카페

DAY
25

아라비안**나이트**

스테이크를 썰 때 **나이프**를 써요.

나이트**가운**

나이스 플레이!

105

0916 와이 **낫**

0917 **보이**스카우트

0918 **걸**스카우트

0919 **토이** 전문점

0920 **라지** 피자

0921 레이디스 & **젠틀맨**

0922 **레이디** 퍼스트

0923 **퍼스트**레이디

0924 I am (　　) to meet you.
– 당신을 만나서 기뻐요.

0925 **아이돌** 스타

0926

만화영화 〈**라바**〉의 주인공이
바로 애벌레들이죠.

_____

0927

라이프 재킷

_____

0928

리프 티 – 잎 채로 우려내는 차

_____

0929

(권투) **레프트** 잽

_____

0930

(권투) **라이트** 훅

_____

0931

스키장 **리프트**

_____

0932

스크램블 **에그**

_____

0933

(운동) **레그** 레이즈

_____

0934

(만화영화) **몬스터** 주식회사

_____

0935

리틀 야구단

_____

DAY
25

0936

슈퍼 **대디**

_____

0937
데드라인
데드라인

_____

0938
리딩 클럽

_____

0939
허니 **브레드**

_____

0940
호텔 **로비**

_____

0941
아임 **쏘리**

_____

0942
등산 **로프**

_____

0943
러키 세븐

_____

0944
쇼킹하다

_____

0945

샤프심

0946

펜으로 글씨를 쓰세요.

0947

타임**머신**

0948

러닝머신

0949

(야구) **히트** & 런

0950

매직 쇼

0951

브로큰**잉글리시**

0952

리메이크

0953

냅킨 좀 주세요.

DAY
26

0954 인터넷 **맵**

0955 확실하게 **마크**해.

0956 **메리** 크리스마스

0957 **결혼하는** 건 즐거운 일이죠.

0958 요가 **매트**

0959 영광의 금**메달**

0960 서양 참외는 **멜론**이지요.

0961 **스몰** 사이즈 vs. 빅 사이즈

0962 ( ) good! – 냄새가 좋네요!

0963 휴대전화 문자 **메시지**

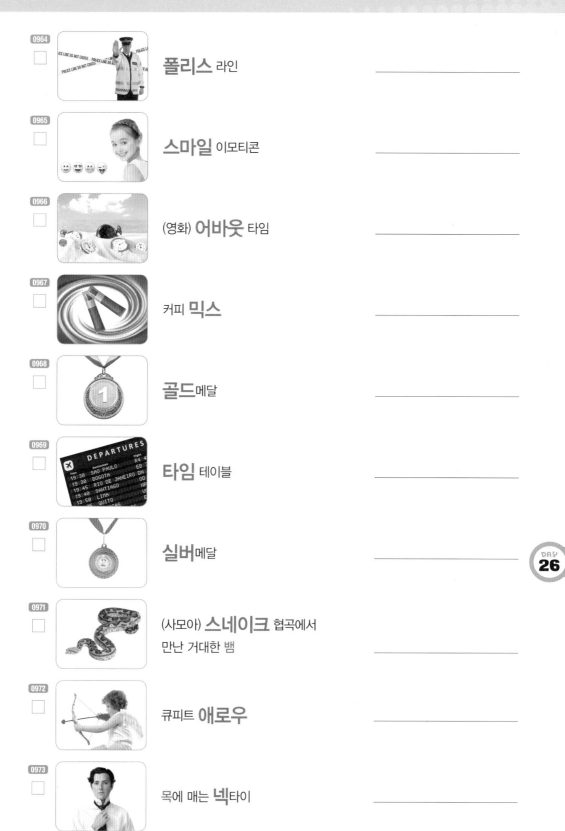

0964 폴리스 라인

0965 스마일 이모티콘

0966 (영화) 어바웃 타임

0967 커피 믹스

0968 골드메달

0969 타임 테이블

0970 실버메달

0971 (사모아) 스네이크 협곡에서 만난 거대한 뱀

0972 큐피트 애로우

0973 목에 매는 넥타이

0974

오픈카

_____

0975

전기 **오븐**에 빵을 구워요.

_____

0976

패키지 상품

_____

0977

고객의 **니즈**

_____

0978

(스포츠) **네트** 게임

_____

0979

It is (   ).
– 그건 아무 것도 아니야.

_____

0980

핫**뉴스**

_____

0981

뉴소나타

_____

0982
핫**팬츠**

_____

0983

카퍼레이드 _____

0984

워터 **파크** _____

0985

포켓 몬스터 _____

0986

피크닉 가기 좋은 날 _____

0987

컬러 **잉크** _____

0988

커플티 _____

0989

보트 **피플** _____

0990

페퍼민트 _____

0991

(배구) 서브 **미스** _____

0992 □ **미스터** 리 _____

0993 □ 교과서 첫 **페이지**를 보세요. _____

0994 □ **무드** 있는 카페 _____

0995 □ **슬림**하다 _____

0996 □ **피아노**를 치다 _____

0997 □ (여성 옷) 원**피스** _____

0998 □ **스킬**이 있다 _____

0999 □ 프라이드**치킨** _____

1000 □ 화장실 앞에서는 **노크**가 필수죠. _____

1001 □ 헤드**라이트** _____

1002 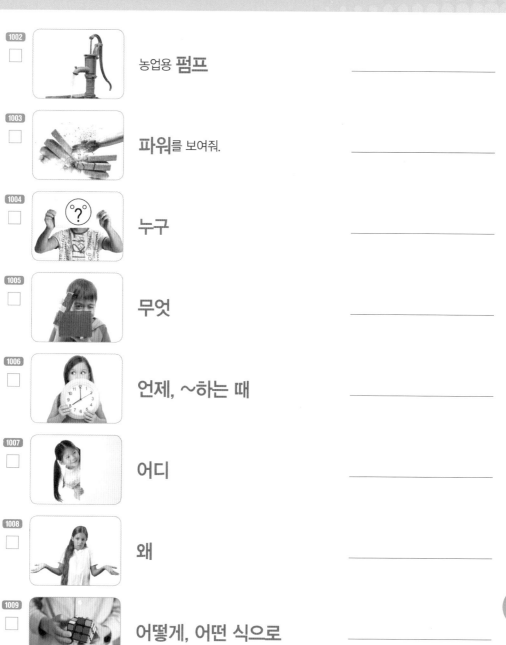 농업용 **펌프**

1003 파워를 보여줘.

1004 누구

1005 무엇

1006 언제, ~하는 때

1007 어디

1008 왜

1009 어떻게, 어떤 식으로

1010 어떤, 어느, 어느 것

1011
항공사 **파일럿** _____

1012
사과로 만든 **애플**파이 _____

1013
파인애플은 열대과일이죠. _____

1014
파인애플은 소나무의 **솔**(파인) 모양이지요. _____

1015
토마토 주스 _____

1016
핑크빛 원피스 _____

1017
플리즈 헬프 미 _____

1018
외출할 땐 전기 **플러그**를 뽑으세요. _____

1019
슈퍼**리치** _____

1020

크리스마스 **프레즌트** _____

1021

미국 뉴욕의 그리니치 **빌리지** _____

1022

한국인이라는 **프라이드**를 갖자. _____

1023

라이드 – 타다
자전거 라이딩 _____

1024

퀸 엘리자베스 _____

1025

리얼하다 _____

1026

포**시즌** _____

DAY **28**

1027

The Guinness
**Book of
Records**

기네스**북** _____

1028

그레이트하다 _____

1029
리포트 – 보고하다, 전하다, 보고서
뉴스 리포터

1030
핫 **소스**는 매워요.

1031
비행기 **티켓**

1032
온라인 **마켓**

1033
라이더 **재킷**

1034
이 식당은 **로맨틱**한 분위기
때문에 인기가 많아요.

1035
(수학) **루트**

1036
노즈 클립

1037
소방용 **호스**

1038
로즈 데이

1039 **노이즈** 마케팅 _____

1040 미키 **마우스** _____

1041 (복싱) **마우스**피스 _____

1042 **돈터치** _____

1043 **스쿨**버스를 타고 학교에 갔어요. _____

1044 스마트폰 **유저** _____

1045 (권투) **샌드**백에는 모래가 들어있지요. _____

1046 **시네마** 천국 _____

DAY
28

1047 눈이 쌓이면 **스키**를 탈 수 있어요. _____

1048 **스킨**로션 _____

1049
□
소파에 앉으세요.
_____

1050
□
소프트 아이스크림
_____

1051
□
콜라 & 사이다 같은 소다 음료
_____

1052
□
빡빡한 스케줄 때문에 쉴 틈이 없어요.
_____

1053
□
셀 – 팔다
베스트셀러
_____

1054
□
스테디셀러
_____

1055
□
시리즈 교재
_____

1056
□
고객 서비스 센터
_____

1057
□
선물 세트
_____

1058
(호주) 골드 **코스트**

_____

1059
김연아 선수의 아이스**쇼**

_____

1060
샤워 커튼

_____

1061
숄더백

_____

1062
아이스 **링크**

_____

1063
스노보드

_____

1064
I go to school ( ).
– 저는 지금 학교에 가요.

_____

1065
아트 **사커**

_____

DAY 29

1066
(미국 프로야구) 보스턴 레드**삭스** 팀은
빨간 양말을 신지요.

_____

121

1067 **스피커**를 켜세요.

1068 **스피치** 학원

1069 스피킹 & **라이팅**

1070 이 에어컨은 냉각 **시스템**이 좋아서 인기가 많아요.

1071 **스타트** 라인

1072 **스테이크** 전문점

1073 **비프**스테이크

1074 헤어**스타일**

1075 블러드 **타입**

1076 비행기 **스튜어디스**

1077

아웃도어

1078

펫숍

1079

귀여운 **프리티** 걸

1080

와이프 – 닦다, 씻다, 닦기
(자동차) **와이퍼**

1081

수도 **파이프**

1082

쇼윈도

1083

핫윙

1084

(야구) 헛**스윙**

1085

온라인 **스토어**

1086

전기**스토브**

1087 와이**셔츠**가 멋지네요. _____

1088 미니**스커트** _____

1089 **스트롱**맨 _____

1090 **스위밍** 풀 _____

1091 전기 **스위치** _____

1092 **월드** 스타 _____

1093 패스**워드** _____

1094 **테이블**에 음식을 놓으세요. _____

1095 피자 도우가 얇은 **씬** 피자 _____

1096
구입해야 하는 물건 **리스트**
_____

1097
온니 유
_____

1098
업 & 다운
_____

1099
야외로 **드라이브** 하러 가요.
_____

1100
칭찬 **스탬프**
_____

1101
택시 요금
_____

1102
싱크빅
_____

1103
토스트를 만들어 먹을까요?
_____

DAY
30

1104
토일렛 페이퍼
_____

1105 ☐	(축구) 골든**슈**
1106 ☐	**토**슈즈
1107 ☐	(축구) **슛**~ 골인
1108 ☐	우유로 만든 **밀크**셰이크
1109 ☐	**스무스**하다
1110 ☐	**로봇** 청소기
1111 ☐	우주 탐사를 위한 **로켓** 발사
1112 ☐	미국 로키산맥에 있는 큰 **바위** 얼굴
1113 ☐	**스포츠** 경기
1114 ☐	천연 온천수로 **스파**를 즐겨요.

스테이지 매너

네임펜

예쁜 **닉네임**

학교 **캐비닛**

카페에서는 커피를 팔아요.

케이스를 열어 보다

지퍼를 올리다

숏커트

셔틀 버스

DAY
30